广东省安全生产条例

法 律 出 版 社

·北　京·

图书在版编目(CIP)数据

广东省安全生产条例. -- 北京 : 法律出版社, 2023
(2023.10 重印)
ISBN 978-7-5197-8217-7

Ⅰ. ①广… Ⅱ. Ⅲ. ①安全生产-生产管理-条例-广东 Ⅳ. ①D927.650.254.5

中国国家版本馆 CIP 数据核字(2023)第 153664 号

广东省安全生产条例
GUANGDONGSHENG ANQUAN SHENGCHAN TIAOLI

出版发行 法律出版社
编辑统筹 法规出版分社
责任编辑 张红蕊
装帧设计 臧晓飞
责任校对 杨锦华
责任印制 耿润瑜

开本 850 毫米×1168 毫米 1/32
印张 1.5 **字数** 23 千
版本 2023 年 8 月第 1 版
印次 2023 年 10 月第 5 次印刷
印刷 三河市龙大印装有限公司
经销 新华书店

地址:北京市丰台区莲花池西里 7 号(100073)
网址:www.lawpress.com.cn
投稿邮箱:info@lawpress.com.cn
举报盗版邮箱:jbwq@lawpress.com.cn
销售电话:010-83938349
客服电话:010-83938350
咨询电话:010-63939796

书号:ISBN 978-7-5197-8217-7
定价:6.00 元

目　　录

广东省第十四届人民代表大会常务委员会公告

第6号

《广东省安全生产条例》已由广东省第十四届人民代表大会常务委员会第四次会议于2023年7月27日修订通过，现将修订后的《广东省安全生产条例》公布，自2023年10月1日起施行。

广东省人民代表大会常务委员会

2023年7月27日

广东省安全生产条例

（2002年10月13日广东省第九届人民代表大会常务委员会第三十七次会议通过　根据2006年9月28日广东省第十届人民代表大会常务委员会第二十七次会议《关于修改〈广东省安全生产条例〉的决定》第一次修正　2013年9月27日广东省第十二届人民代表大会常务委员会第四次会议第一次修订　根据2017年11月30日广东省第十二届人民代表大会常务委员会第三十七次会议《关于修改〈广东省安全生产条例〉的决定》第二次修正　2023年7月27日广东省第十四届人民代表大会常务委员会第四次会议第二次修订）

第一章　总　　则

第一条　为了加强安全生产工作，防止和减少生产安全事故，保障人民群众生命和财产安全，统筹发展和安全，促进经济社会高质量发展，根据《中华人民共和国安全生产法》等有关法律、行政法规，结合本省实际，制定本条例。

第二条 本条例适用于本省行政区域内生产经营单位的安全生产以及相关的监督管理活动。有关法律、法规对消防安全和道路交通安全、铁路交通安全、水上交通安全、民用航空安全以及核与辐射安全、特种设备安全另有规定的，适用其规定。

第三条 安全生产工作应当以人为本，坚持人民至上、生命至上，把保护人民生命安全摆在首位，树牢安全发展理念，坚持安全第一、预防为主、综合治理的方针，从源头上防范化解重大安全风险。

安全生产工作坚持党政同责、一岗双责，实行管行业必须管安全、管业务必须管安全、管生产经营必须管安全，强化和落实生产经营单位主体责任与政府监管责任，建立生产经营单位负责、职工参与、政府监管、行业自律和社会监督的机制。

第四条 生产经营单位是安全生产的责任主体，应当遵守有关安全生产的法律、法规，加强安全生产管理，接受政府监管和社会监督，提高安全生产水平，确保安全生产。生产经营单位的主要负责人是本单位安全生产第一责任人，对本单位的安全生产工作全面负责；安全生产分管负责人协助主要负责人具体履行安全生产工作职责；其他负责人、相关人员在履行岗位业务工作职责的同时履行相应的安全生产工作职责。

生产经营单位的主要负责人和其他责任人不得以任何形式转移安全生产责任。

第五条　县级以上人民政府应当根据国民经济和社会发展规划制定安全生产规划，并组织实施。安全生产规划应当与国土空间规划等相关规划相衔接。

各级人民政府应当加强安全生产基础设施建设和安全生产监管能力建设，所需经费列入本级预算。县级以上人民政府应当设立安全生产专项资金，保障安全生产监管执法能力建设、安全生产科学技术研究、安全生产信息化建设、安全生产宣传教育、安全风险管控、事故隐患治理、生产安全应急救援和调查处理等需要。

县级以上人民政府应当建立健全并落实安全生产监督管理责任制，建立健全安全生产责任考核机制，将安全生产纳入高质量发展评价体系，构建安全风险分级管控和隐患排查治理双重预防工作机制，依法组织生产安全事故应急救援和调查处理。

县级以上人民政府应当加强对安全生产工作的领导，建立健全安全生产工作协调机制，支持、督促各有关部门依法履行安全生产监督管理职责，定期研判重大安全风险，及时协调、解决安全生产监督管理中存在的重大问题。

第六条　县级以上人民政府应急管理部门对本行政区域内安全生产工作实施综合监督管理并承担同级人民政府安全生产委员会日常工作，会同有关部门编制、实施本地区安全生产规划，指导协调、监督检查同级人民政府有关部门和下级人民政府履行安全生产工作职责，负责安全生产责任制考核具体工作，依法开展生产安全事故应急救援和调查处理，分析安全生产形势并及时发布安全生产信息。

县级以上人民政府应急管理、交通运输、住房城乡建设、水利等有关部门依照有关法律、法规的规定，在各自的职责范围内对有关行业、领域的安全生产工作实施监督管理。对新兴行业、领域的安全生产监督管理职责不明确的，由县级以上人民政府按照业务相近的原则确定监督管理部门。

应急管理部门和对有关行业、领域的安全生产工作实施监督管理的部门，统称负有安全生产监督管理职责的部门。负有安全生产监督管理职责的部门应当相互配合、齐抓共管、信息共享、资源共用，依法加强安全生产监督管理工作。

负有安全生产监督管理职责的部门和其他有关部门的安全生产工作职责，按照有关安全生产职责分工的规定执行。

第七条　乡镇人民政府和街道办事处，以及自由贸易试验区、开发区、经济合作区、工业园区、港区、风景区等功能区，应当明确负责安全生产监督管理的有关工作机构及其职责，加强安全生产监管力量建设，将安全生产纳入基层网格化管理范围，按照职责对管理区域内生产经营单位的安全生产工作依法进行监督检查，协助人民政府有关部门或者按照授权依法履行安全生产监督管理职责。化工园区还应当根据产业特点、安全风险实际分区实行封闭化管理，按照国家规定建设公用工程和配套功能设施，建立完善安全生产信息化监管体系，实施安全生产和应急救援一体化管理。

第八条 各级人民政府及有关部门主要负责人对本地区、本部门安全生产工作全面负责；分管安全生产工作的负责人对本地区、本部门安全生产工作具体负责；其他负责人在履行分管的岗位业务工作职责的同时履行相应的安全生产工作职责。

第九条 生产经营单位的工会依法组织职工参与本单位安全生产工作的民主管理和民主监督，督促生产经营单位制定并落实全员安全生产责任制以及安全风险分级管控、事故隐患排查治理等制度，参与安全生产检查、事故调查等工作，并提出建议、批评和意见，维护职工的合法权益。生产经营单位制定或者修改有关安全生产的规章制度，应当听取工会的意见。

第十条 各级人民政府及有关部门、生产经营单位应当采取多种形式普及安全生产法律、法规和安全生产知识，开展安全生产宣传，增强全社会和从业人员的安全生产意识以及事故预防、自救互救的能力。

省人民政府教育、人力资源社会保障等部门应当将安全知识普及纳入国民教育，建立完善学校安全教育和高危行业职业安全教育体系，将安全生产纳入相关技能考核和就业培训内容。职业学校、技工学校应当开展安全生产知识和技能教育。

新闻媒体有常态化开展安全生产公益宣传的义务，有对违反安全生产法律、法规的行为进行舆论监督的权利。

第十一条 各级人民政府及有关部门应当鼓励、支持安全生产科学技术研究、专业技术技能人才培养和安全生产先进技术推广应用。

第十二条 各级人民政府及有关部门应当培育和发展安全生产有关行业协会等社会组织。安全生产有关行业协会应当依照法律、法规、有关标准和章程，加强行业自律和内部管理，提供安全生产服务，并接受负有安全生产监督管理职责的部门的指导和监督。

第十三条 县级以上人民政府及其有关部门对在改善安全生产条件、防止生产安全事故发生、参加事故抢险救护、研究和推广应用安全生产先进科学技术等方面取得显著成绩的单位和个人，按照规定给予表彰和奖励。

第二章 生产经营单位的安全生产保障

第十四条 生产经营单位应当具备有关法律、行政法规和国家标准或者行业标准规定的安全生产条件；不具备安全生产条件的，不得从事生产经营活动。

生产经营单位应当制定安全生产操作规程，并建立健全和实施下列安全生产规章制度：

（一）全员安全生产责任制度和安全生产考核、奖惩制度；

（二）安全生产岗位检查、日常安全检查和专业性安全检查制度；

（三）安全风险分级管控和隐患排查治理制度，重大危险源管理制度；

（四）安全生产资金投入和设备、设施保障制度；

（五）具有较大危险、危害因素的生产经营场所、设备和设施的安全管理制度以及危险作业管理制度；

（六）安全生产教育、培训和持证上岗制度；

（七）劳动防护用品配备和使用管理制度；

（八）事故报告、应急救援和调查处理制度；

（九）安全生产管理台账、档案制度；

（十）法律、法规规定的其他安全生产规章制度。

第十五条 生产经营单位应当具备的安全生产条件所必需的资金投入，由生产经营单位的决策机构、主要负责人或者个人经营的投资人予以保证，并对由于安全生产所必需的资金投入不足导致的后果承担责任。

生产经营单位应当将安全生产投入纳入年度生产经营计划和财务预算，按照国家有关规定足额提取、使用安全生产费用，专门用于改善安全生产条件。

第十六条 生产经营单位的主要负责人应当履行下列安全生产工作职责：

（一）组织制定并实施本条例第十四条规定的安全生产规章制度和安全生产操作规程，加强安全生产标准化建设；

（二）组织制定并实施本单位安全生产教育和培训计划；

（三）保证本单位安全生产投入的有效实施；

（四）督促安全风险分级管控、隐患排查和整改措施的落实，及时消除生产安全事故隐患，每半年至少组织一次安全生产全面检查，研究分析安全生产存在问题；

（五）组织制定并实施生产安全事故应急救援预案，每年至少组织和参与一次应急救援演练；

（六）发生事故时迅速组织抢险救援，并及时、如实向应急管理部门和其他负有安全生产监督管理职责的部门报告事故情况，做好善后处理工作，配合调查处理；

（七）每年向职工大会或者职工代表大会、股东会或者股东大会报告安全生产情况，接受工会、从业人员、股东对安全生产工作的监督；

（八）法律、法规规定的其他安全生产工作职责。

第十七条　生产经营单位设置安全生产分管负责人的，安全生产分管负责人应当履行下列安全生产工作职责：

（一）组织拟订本条例第十四条规定的安全生产规章制度并指导实施；

（二）对生产经营决策是否符合安全生产法律、法规规定和本单位安全生产管理制度提出意见；

（三）每季度至少组织一次安全生产全面检查，及时研究解决安全生产存在问题，并向主要负责人报告安全生产工作情况；

（四）组织落实重大危险源管理、安全风险分级管控、生产安全事故隐患排查治理；

（五）协助生产经营单位主要负责人组织并参与应急救援演练；

（六）对拟奖惩和调整职务的从业人员，提出安全生产工作履职意见；

（七）法律、法规规定的其他安全生产工作职责。

鼓励生产经营单位设置安全总监或者其他专职安全生产分管负责人。

第十八条 建筑施工单位应当设置安全生产管理机构；矿山、金属冶炼、运输单位和危险物品的生产、经营、储存、装卸单位，应当设置安全生产管理机构或者配备专职安全生产管理人员。

前款规定以外的其他生产经营单位，从业人员超过一百人的，应当设置安全生产管理机构或者配备专职安全生产管理人员；从业人员在一百人以下的，应当配备专职或者兼职的安全生产管理人员。

下列生产经营单位应当设置安全生产管理机构：

（一）从业人员超过五十人的矿山和危险物品生产、经营、储存、运输、装卸单位；

（二）从业人员超过一百人的金属冶炼、危险物品使用、危险物品废弃处置、船舶修造单位；

（三）从业人员超过三百人的机械制造、建材制造、电力、运输单位、农业机械作业合作组织；

（四）从业人员超过一千人的其他生产经营单位。

危险物品的生产、储存、装卸单位以及矿山、金属冶炼单位，应当有相应专业类别的注册安全工程师从事安全生产管理工作。鼓励其他生产经营单位聘用注册安全工程师从事安全生产管理工作。

第十九条　生产经营单位的安全生产管理机构以及安全生产管理人员，应当履行下列职责：

（一）组织或者参与拟订本单位安全生产规章制度、操作规程和生产安全事故应急救援预案；

（二）组织或者参与本单位安全生产教育和培训，如实记录安全生产教育和培训情况；

（三）组织开展安全风险和危险源辨识、评估，督促落实本单位安全风险分级管控和重大危险源安全管理措施；

（四）组织或者参与本单位应急救援演练；

（五）组织安全生产岗位检查、日常安全检查和专业性安全检查，并每月至少组织一次安全生产全面检查，及时排查生产安全事故隐患，提出改进安全生产管理的建议；

（六）制止和纠正违章指挥、强令冒险作业、违反操作规程的行为；

（七）督促本单位履行安全生产职责、落实安全生产整改措施，组织安全生产考核。

第二十条 生产经营单位的班组每周至少开展一次安全生产检查，从业人员在每班工作前应当进行本岗位安全检查，确认安全后方可进行操作。

岗位安全检查主要包括下列事项：

（一）设备的安全状态良好，安全防护装置有效；

（二）规定的安全措施落实；

（三）所用的设备、工具符合安全操作规定；

（四）作业场地以及物品堆放符合安全规范；

（五）个人防护用品、用具齐全、完好，并正确佩戴和使用；

（六）安全操作要领、操作规程明确。

从业人员发现安全隐患，应当采取措施解决或者按照规定停止作业，对无法自行解决的隐患，应当及时向主管人员、安全生产管理机构或者安全生产管理人员报告。主管人员、安全生产管理机构或者安全生产管理人员应当及时解决。

在当班生产活动结束后，从业人员应当对本岗位负责的设备、设施、电器、电路、作业场地、物品存放等进行安全检查，防止非生产时间发生事故。

第二十一条 生产经营单位应当在有较大危险因素的生产经营场所和有关设施、设备上，设置明显的安全警示标志；将作业场所和工作岗位存在的危险、有害因素和防范措施，以及发生直接危及人身安全的紧急情况时的应急措施等事项告知从业人员，保障从业人员的知情权。

第二十二条 生产经营单位的主要负责人和安全生产分管负责人、安全总监、安全生产管理人员，必须具备与本单位所从事的生产经营活动相应的安全生产知识和管理能力。

危险物品的生产、经营、储存、装卸单位以及矿山、金属冶炼、建筑施工、运输单位的主要负责人和安全生产分管负责人、安全总监、安全生产管理人员，应当由负有安全生产监督管理职责的部门对其安全生产知识和管理能力考核合格。考核不得收费。

危险物品的生产、经营、储存、装卸单位以及矿山、金属冶炼、建筑施工、运输单位复工复产的，应当在复工复产前对从业人员开展安全注意事项、安全防范措施、应急避险措施等安全生产教育培训。

生产经营单位应当对离岗六个月以上或者换岗的从业人员，进行专门的安全生产教育和培训。

生产经营单位组织或者指派从业人员参加安全生产教育和培训的，应当承担培训费用。

安全培训机构对本条第二款规定人员和特种作业人员开展培训的，应当将教师、教学和实习实训设施等情况书面报告负有安全生产监督管理职责的部门。

第二十三条 生产经营单位的特种作业人员必须按照国家有关规定经专门的安全作业培训，取得相应资格，方可上岗作业。

生产经营单位、安全培训机构对特种作业人员进行安全作业培训的，应当具备国家规定的安全培训条件，并按照国家统一的培训大纲进行。

生产经营单位委托安全培训机构开展特种作业人员安全作业培训的，应当选择具备国家规定的安全培训条件的机构。

第二十四条 生产经营单位使用被派遣劳动者、灵活用工人员的，应当将接受其作业指令的被派遣劳动者、灵活用工人员纳入本单位的从业人员进行统一管理，对被派遣劳动者、灵活用工人员进行岗位安全操作规程和安全操作技能的教育和培训。

生产经营单位接收中等职业学校（含技工学校）、高等学校学生实习的，应当对实习学生进行相应的安全生产教育和培训，提供必要的劳动防护用品。学校应当协助生产经营单位对实习学生进行安全生产教育和培训。

生产经营单位与劳务派遣单位、实习学生所在学校签订的协议，应当明确各自承担的安全生产管理职责。

第二十五条 生产经营单位新建、改建、扩建工程项目（以下统称建设项目）的安全设施，必须与主体工程同时设计、同时施工、同时投入生产和使用。安全设施投资应当纳入建设项目概算。

生产经营单位应当按照国家和省有关规定，对需要报项目投资主管部门批准的建设项目，在报批时将安全生产条件和设施的论证内容纳入可行性研究报告。

矿山、金属冶炼建设项目和用于生产、储存、装卸危险物品的建设项目的施工单位应当按照批准的安全设施设计施工，其他建设项目施工单位应当按照安全设施设计施工。建设项目的施工单位应当对安全设施的工程质量负责。

第二十六条 建设项目主体工程完工后，需要进行试生产的，安全设施应当与主体工程同时投入试运行；安全设施验收应当与主体工程验收同时进行。

建设单位在采取有效安全生产措施后，方可对生产、储存危险化学品的建设项目进行试生产。在试生产前，建设单位应当组织专家对试生产方案进行论证，确认符合试生产条件后，将试生产方案报送负责建设项目安全审查的应急管理部门备案。

第二十七条 生产经营单位应当安排用于配备劳动防护用品的经费，为从业人员提供符合国家标准或者行业标准的劳动防护用品，并监督、教育从业人员按照使用规则佩戴、使用，不得以现金或者其他物品替代劳动防护用品。

第二十八条 矿山、危险化学品、烟花爆竹、交通运输、建筑施工、民用爆炸物品、金属冶炼、渔业生产等国家规定的高危行业、领域的生产经营单位，应当按照国家规定投保安全生产责任保险。鼓励其他生产经营单位投保安全生产责任保险。

保险公司应当按照国家规定和安全生产责任保险事故预防技术服务规范提供生产安全事故预防服务，与投保单位协商制定事故预防技术服务方案，每年为投保单位开展安全风险评估和生产安全事故隐患排查，协助投保单位开展生产安全事故预防工作。

第二十九条　生产经营单位应当使用符合国家标准或者行业标准的安全设备，对安全设备进行经常性维护、保养，并定期检测，保证正常运转。

生产经营单位应当及时淘汰国家和省规定的危及生产安全的工艺、设备。鼓励生产经营单位采用有利于改善安全生产条件的新工艺、新技术、新材料、新设备。

第三十条　生产经营单位对重大危险源应当登记建档。登记建档内容包括重大危险源的名称、位置、性质、应急措施和可能造成的危害等。

生产经营单位应当对重大危险源进行定期检测、评估、监控，并制定应急预案，告知从业人员和相关人员在紧急情况下应当采取的应急措施；明确本单位每一处重大危险源的主要负责人、技术负责人和操作负责人，对重大危险源的总体管理、技术管理、操作管理等方面履行安全管理责任。

生产经营单位应当按照国家有关规定将本单位重大危险源及有关安全措施、应急措施报有关人民政府应急管理部门和有关部门备案。

第三十一条 生产经营单位应当落实安全风险分级管控制度，开展安全风险识别、分析、评价，并按照安全风险分级采取相应的管控措施。

生产经营单位应当编制包括风险类别、名称、特征、位置、责任主体、控制措施等情况的安全风险分级管控清单，并及时进行动态更新。

生产经营单位发现存在重大安全风险的，应当按照规定及时采取相应的管控措施，在三日内向所在地县级人民政府负有安全生产监督管理职责的部门报告重大安全风险基本情况，并每月报告重大安全风险管控情况。

第三十二条 生产经营单位应当落实生产安全事故隐患排查治理制度，采取技术、管理措施，及时发现并消除事故隐患。事故隐患排查治理情况应当如实记录，并通过职工大会或者职工代表大会、信息公示栏、企业内网等方式向从业人员通报。其中，重大事故隐患排查治理情况应当及时向负有安全生产监督管理职责的部门和职工大会或者职工代表大会报告。

生产经营单位的主要负责人、安全生产分管负责人、安全总监、安全生产管理机构、安全生产管理人员和其他从业人员，应当在各自职责范围内开展日常排查、岗位排查和专业排查。对排查出的生产安全事故隐患，生产经营单位应当立即组织整改，在隐患整改前或者整改过程中无法保证安全的，应当采取应急防范措施，必要时应当停产、停业整改。

第三十三条 生产经营单位应当加强安全生产标准化、信息化建设，结合本单位实际推动机械化、自动化、智能化改造，提高安全生产水平。

矿山、金属冶炼、建筑施工、交通运输、危险化学品、民用爆炸物品等高危行业、领域的生产经营单位，应当按照国家和省的规定对重大危险源、重点场所、重点工艺、重点部位等的安全风险进行实时监测预警。鼓励其他生产经营单位运用信息化技术手段，开展安全风险监测预警。

矿山、金属冶炼、建筑施工、交通运输、危险化学品、民用爆炸物品等高危行业、领域的生产经营单位，应当按照规定向负有安全生产监督管理职责的部门实时、准确、完整地报送下列安全生产数据：

（一）安全生产基础情况数据；

（二）重大安全风险、重大危险源和重大事故隐患数据；

（三）重点部位和重点工艺装置感知数据；

（四）安全生产视频监控和监测预警数据。

第三十四条 生产经营场所内设置的安全警示标志、标识应当规范明显、保持完好，便于从业人员和社会公众识别以及紧急情况下的应急救援。

生产、储存、使用危险物品的生产经营场所，应当按照规定设置相应的通风、防潮、防雷、防火、防爆、防毒、防静电、隔离操作等安全设施。

生产、经营、储存、使用危险物品的车间、商店、仓库不得与员工宿舍在同一座建筑物内，并应当与员工宿舍保持安全距离。生产作业场所、仓库严禁住宿和从事与生产经营无关的活动。

生产经营场所和员工宿舍应当设有符合紧急疏散和救援要求、标志明显、保持畅通的出口、疏散通道。禁止占用、锁闭、封堵生产经营场所或者员工宿舍的出口、疏散通道。

同一生产经营场所或者员工宿舍由两个以上单位管理和使用的，应当签订安全生产管理协议，明确各方安全生产管理职责和应当采取的安全措施。

第三十五条 生产经营单位进行爆破、吊装、动火、临时用电、悬吊、挖掘、建设工程拆除作业，临近高压输电线路、输油（气）管线、通信光（电）缆作业，有限空间作业和国家规定的其他危险作业，应当执行相关作业管理规定以及本单位作业管理制度，落实下列现场安全管理措施：

（一）对作业现场进行安全风险识别，确认现场作业条件符合安全作业要求；

（二）制定作业方案或者安全防范措施，设置安全警示标志；

（三）按照规定开具安全作业票证，并对安全作业票证进行现场查验确认；

（四）确认作业人员的上岗资质、身体状况及配备的劳动防护用品符合安全作业要求；

（五）向作业人员说明危险因素、安全作业要求和应急措施；

（六）安排专门人员进行现场安全管理，确保操作规程的遵守和安全措施的落实；

（七）发现直接危及人身安全的紧急情况时，采取应急措施，停止作业并组织作业人员撤离。

生产经营单位委托其他有专业资质的单位进行前款

规定作业的，应当在作业前与受委托方签订安全生产管理协议，或者在委托协议中约定各自的安全生产管理职责。

第三十六条 生产经营单位不得将生产经营项目、场所、设备发包或者出租给不具备安全生产条件或者相应资质的单位或者个人。

生产经营单位将生产经营项目、场所发包或者出租的，应当向承包单位、承租单位告知生产经营项目、场所的现场危险源、逃生路线等有关安全事项。生产经营单位将生产经营设备发包或者出租的，应当向承包单位、承租单位告知设备的技术参数、操作规程和安全防护措施等有关安全事项。

承包单位、承租单位应当了解掌握承包、承租的生产经营项目、场所、设备的有关安全事项。承包、承租的生产经营项目、场所或者设备发生生产安全事故的，承包单位、承租单位应当及时告知发包单位、出租单位。

生产经营项目、场所发包或者出租给其他单位的，生产经营单位应当与承包单位、承租单位签订专门的安全生产管理协议，或者在承包合同、租赁合同中约定各自的安全生产管理职责；生产经营单位对承包单位、承租单位的安全生产工作统一协调、管理，定期进行安全检查，发现安全问题的，应当及时督促整改。承包单位常驻本单位作业的，生产经营单位应当将其作业人员纳入本单位安全生产教育和培训统一管理。

矿山、金属冶炼建设项目和用于生产、储存、装卸危险物品的建设项目的施工单位，应当加强对施工项目的安全管理，不得倒卖、出租、出借、挂靠或者以其他形式非法转让施工资质，不得将其承包的全部建设工程转包给第三人或者将其承包的全部建设工程支解以后以分包的名义分别转包给第三人，不得将工程分包给不具备相应资质条件的单位。

第三十七条 危险化学品生产企业以及构成危险化学品重大危险源的经营、储存、使用危险化学品的生产经营单位，应当制定并落实二十四小时专人值班和领导带班制度；动工、停工或者复工的，应当经主要负责人审批。

危险化学品生产企业以及构成危险化学品重大危险源的经营、储存、使用危险化学品的生产经营单位进行有限空间作业、火灾爆炸危险区域或者管廊上的动火作业的，应当制定作业方案，经安全生产管理机构负责人、安全生产分管负责人或者主要负责人审批后开具安全作业票证。未取得有效的安全作业票证，一律不得进行动火、有限空间作业。

餐饮等行业的生产经营单位使用燃气的，应当安装可燃气体报警装置，并保障其正常使用。燃气行政主管部门及其他有关部门，按照法律、法规规定的职责对餐饮等行业的生产经营单位使用燃气安装可燃气体报警装置实施监督管理。燃气行政主管部门对餐饮等行业的生产经营单位使用燃气未安装可燃气体报警装置的，依法实施行政处罚。

第三十八条 平台经济等新兴行业、领域的生产经营单位，应当根据本行业、领域的特点，将新就业形态从业人员纳入本单位的从业人员进行统一安全管理，建立健全并落实全员安全生产责任制，加强从业人员安全生产教育和培训，履行法律、法规规定的有关安全生产义务。制定的制度规则、考核指标和平台算法应当保障从业人员的人身安全，防范事故发生。

鼓励平台经济等新兴行业、领域的生产经营单位通过购买人身意外伤害保险、雇主责任保险等商业保险，提升新就业形态从业人员职业安全保障水平。

第三十九条 企业集团总部应当加强对下属企业安全生产的指导、监督、考核和奖惩，实行安全生产工作的统一管理。

鼓励企业集团、连锁经营企业在遴选供应商和合作方时，综合考核供应商、合作方的安全生产条件、安全生产标准化建设水平以及安全风险管控情况。

第四十条 小型微型企业、个体工商户等规模小的生产经营单位以及位置相邻、行业相近、业态相似的生产经营单位，可以根据实际需要采取集群托管、资源共享等方式进行安全生产管理，保障安全生产。集群托管、资源共享等方式不减轻或者转移生产经营单位依法应当承担的安全生产主体责任。

同一建筑物内的多个生产经营单位可以共同委托物业服务企业或者其他管理人进行管理。受委托的物业服务企业或者其他管理人依照委托协议承担其管理范围内的安全生产管理职责。

第三章 安全生产的监督管理

第四十一条 县级以上人民政府应当组织有关部门

逐步建立健全本行政区域重点行业、领域安全风险防控体系，对城市高层建筑、大型综合体、综合交通枢纽、隧道桥梁、管线管廊、道路交通、轨道交通、燃气、排水防涝、垃圾填埋场、渣土受纳场、电力设施、公园以及其他重点行业领域、重点区域、重点企业、重大工程设施实行安全风险管控。

县级以上人民政府负有安全生产监督管理职责的部门，实施本行业、领域安全风险管控工作，对本行业、领域的安全风险信息进行汇总，跟踪安全风险变化，及时发布预警提示信息，强化综合管控和源头治理。

第四十二条 县级以上人民政府应当组织有关部门建立完善安全风险评估与论证机制，加强规划安全风险评估会商，按照安全风险管控要求，进行产业规划和空间布局，并对位置相邻、行业相近、业态相似的生产经营单位实施重大安全风险联防联控。

县级以上人民政府发展改革部门应当会同相关部门，在立项阶段对涉及安全生产风险的项目开展安全风险联合评估，确保项目符合安全生产规划、条件和标准，安全防护措施合理可行。

第四十三条 县级以上人民政府负有安全生产监督

管理职责的部门、乡镇人民政府、街道办事处、功能区管理机构，应当按照各自职责，建立健全安全生产日常检查制度，对区域内的生产经营单位依法进行检查，对有关信息登记、建档。

县级以上人民政府负有安全生产监督管理职责的部门，应当按照各自职责，根据行业分类、生产经营规模、安全风险等级、生产安全事故情况等确定本行业、领域的重点生产经营单位，适度增加检查频次。

对检查对象涉及多个负有安全生产监督管理职责的部门的行业、领域，负有安全生产监督管理职责的部门应当加强行政执法协作，实行联合检查，避免重复检查；确需分别进行检查的，应当互通情况，发现存在的安全问题应当由其他有关部门进行处理的，应当及时移送其他有关部门并形成记录备查，接受移送的部门应当及时进行处理。

县级以上人民政府负有安全生产监督管理职责的部门应当建立健全安全生产行政执法与刑事司法衔接工作机制，与公安机关、人民检察院、人民法院加强安全生产行政执法与刑事司法衔接。

第四十四条　县级以上人民政府负有安全生产监督

管理职责的部门，应当建立健全隐患排查治理监督管理制度，将重大事故隐患纳入相关信息系统，督促生产经营单位消除重大事故隐患。

县级以上人民政府负有安全生产监督管理职责的部门，检查中发现事故隐患，应当责令立即排除；发现重大事故隐患，应当及时登记，并督促生产经营单位制定整改方案、落实整改措施；重大事故隐患排除前或者排除过程中无法保证安全的，应当责令从危险区域内撤出作业人员，责令暂时停产停业或者停止使用相关设施、设备；重大事故隐患排除后，经审查同意，方可恢复生产经营和使用。

第四十五条 省级负有安全生产监督管理职责的部门，应当建立健全重大安全风险公示制度，依法公开本行业、领域重大安全风险相关情况。重大安全风险公示期间，县级以上负有安全生产监督管理职责的部门应当加强监督检查，督促生产经营单位采取有效措施消除、降低或者控制重大安全风险，避免事故发生。安全风险等级降低的，省级负有安全生产监督管理职责的部门应当及时取消公示。

县级以上人民政府及其负有安全生产监督管理职责

的部门，应当建立健全重大生产安全事故隐患治理督办制度，对本地区、本行业领域内危险性较大、治理难度较高、可能造成严重后果或者较大社会影响的重大生产安全事故隐患治理进行督办，督促下级人民政府和负有安全生产监督管理职责的部门落实监管责任，监督生产经营单位在规定期限内完成整改。

第四十六条 县级以上人民政府应当完善安全生产约谈制度，对本行政区域内安全生产工作不力的本级人民政府有关部门、下级人民政府以及有关生产经营单位主要负责人进行约谈。

第四十七条 各级人民政府应当结合本地区安全生产实际，按照不同安全风险等级的生产经营单位数量，加强市县和乡镇监管执法队伍建设。

县级以上人民政府应急管理部门应当加强行政执法工作标准化建设，按照规定配备安全生产执法人员、执法执勤用车和装备，统一执法标志标识和制式服装，强化执法工作条件保障，定期对执法人员开展安全生产法律、法规和相关技术知识等方面的培训、考核，依法开展执法工作。

第四十八条 省人民政府应急管理部门应当建立完

善统一的安全生产信息管理系统，实现信息跨部门、跨地区、跨领域共享。

县级以上人民政府应当按照数字政府集约化建设要求推进安全生产信息化建设，组织协调有关部门建立健全信息共享机制，实现部门间安全风险监测预警、分级管控、事故隐患排查治理、重大危险源监控、应急救援、监管执法等信息互联互通。

县级以上人民政府应当组织有关部门在高危行业、领域和城市电力、燃气、供水、排水管网、桥梁等重要基础设施以及地质灾害隐患点等开展安全风险监测预警网络建设。

第四十九条 县级以上人民政府负有安全生产监督管理职责的部门、乡镇人民政府、街道办事处、功能区管理机构，应当按照各自职责，通过信息网络、新闻传媒、政务公开栏等方式，将安全生产检查结果和生产经营单位事故隐患排查治理等情况依法向社会公开。

第五十条 县级以上人民政府负有安全生产监督管理职责的部门和有关部门，应当按照规定将生产经营单位、承保安全生产责任保险的保险公司以及为安全生产提供技术、管理服务的机构的信用信息归集到公共信用信息平台，并依法向社会公开，实施安全生产守信激励和失信惩戒。

第五十一条 县级以上人民政府负有安全生产监督管理职责的部门，可以按照有关规定聘任应急管理综合行政执法社会监督员。应急管理综合行政执法社会监督员可以向聘任单位提出对安全生产执法工作的建议和意见，提供有关违法行为和风险隐患的问题线索。

第五十二条 县级以上人民政府负有安全生产监督管理职责的部门结合实际建立健全安全生产专家队伍和服务机制，通过购买服务的方式，委托专家、安全生产服务机构等社会力量为安全生产提供技术支撑和咨询服务。

第五十三条 任何单位或者个人对事故隐患和安全生产违法行为，有权向负有安全生产监督管理职责的部门和其他监管部门举报。

居民委员会、村民委员会发现其所在区域内的生产经营单位存在事故隐患或者安全生产违法行为时，应当及时向当地人民政府或者有关部门报告。

负有安全生产监督管理职责的部门和其他监管部门应当建立举报制度，公开举报电话、信箱或者电子邮件地址等网络举报平台；对举报者的有关信息予以保密，对经查证属实的举报，应当按照规定对举报者予以奖励。

第四章　应急救援与事故调查处理

第五十四条　县级以上人民政府应当组织有关部门制定本行政区域内生产安全事故应急救援预案，建立应急救援体系，定期组织应急救援预案演练。

乡镇人民政府和街道办事处，以及自由贸易试验区、开发区、经济合作区、工业园区、港区、风景区等功能区，应当制定相应的生产安全事故应急救援预案，协助县级以上人民政府有关部门或者按照授权依法履行生产安全事故应急救援工作职责。

化工园区应当制定本园区生产安全事故总体应急救援预案，并结合企业类型和工艺特点针对某一种或者多种类型的生产安全事故制定专项应急救援预案。

生产经营单位应当制定本单位生产安全事故应急救援预案，与所在地县级以上人民政府组织制定的生产安全事故应急救援预案相衔接，按照国家规定报相关行业、领域主管部门备案，并定期组织演练。

第五十五条 县级以上人民政府负有安全生产监督管理职责的部门，根据生产安全事故应急救援工作实际需要，可以在重点地区和重点行业、领域建立应急救援基地和应急救援队伍，也可以依托有条件的生产经营单位、社会组织共同建立应急救援队伍。

化工园区应当建立危险化学品专业应急救援队伍，配备装备设施。

危险物品的生产、经营、储存单位以及矿山、金属冶炼、城市轨道交通运营、建筑施工单位应当建立应急救援组织；生产经营规模较小的，可以不建立应急救援组织，但应当指定兼职的应急救援人员。

鼓励和支持生产经营单位和其他社会力量建立应急救援队伍，配备相应的应急救援装备和物资，提高应急救援的专业化水平。

第五十六条 县级以上人民政府负有安全生产监督管理职责的部门，应当设立专门的值班室和值班电话，实行二十四小时值班制度，并向社会公布值班电话，受理事故报告和举报，上报事故情况。

第五十七条 生产经营单位发生生产安全事故后，事故现场有关人员应当立即报告本单位负责人。

单位负责人接到事故报告后，应当立即启动生产安全事故应急救援预案，迅速采取有效措施，组织抢救，防止事故扩大和次生、衍生灾害发生，减少人员伤亡和财产损失，并应当于一小时内按照国家有关规定如实报告当地应急管理部门和其他负有安全生产监督管理职责的部门，不得隐瞒不报、谎报或者迟报，不得故意破坏事故现场、毁灭有关证据。

县级以上人民政府负有安全生产监督管理职责的部门接到事故报告后，应当立即按照国家有关规定上报事故情况；有关地方人民政府和负有安全生产监督管理职责的部门的负责人，应当按照生产安全事故应急救援预案的要求立即赶到事故现场，组织事故抢救。应急管理部门和其他负有安全生产监督管理职责的部门接到事故报告后，应当立即相互通报。

发生较大以上等级（含较大等级）生产安全事故的，当地公安、司法机关应当依法采取有效措施，防止有关责任人员逃逸或者转移、隐匿财产。

第五十八条 负责事故调查的人民政府可以直接组织事故调查组进行调查，也可以依法授权或者委托本级人民政府应急管理部门或者其他负有安全生产监督管理职责的部门组织事故调查组进行调查。事故调查组实行组长负责制。

未造成人员伤亡的一般事故，负责事故调查的县级人民政府可以依法委托事故发生单位组织事故调查组进行调查。被委托的事故发生单位，应当在当地负有安全生产监督管理职责的部门指导下进行事故调查工作。造成人员伤亡或者三百万元以上直接经济损失的生产安全事故，不得委托事故发生单位进行事故调查。

在法定期限内，因事故伤亡人数或者直接经济损失变化导致事故等级发生变化的，应当依法按照变化后的事故等级组织事故调查组进行调查。

第五十九条　事故调查处理应当按照科学严谨、依法依规、实事求是、注重实效的原则，及时、准确地查清事故原因，查明事故性质和责任，评估应急处置工作，总结事故教训，提出整改措施，并对事故责任单位和人员提出处理建议。

事故调查报告应当从技术和管理等方面详细分析事故原因，并依法及时向社会公布。事故调查组成员的不同意见应当在事故调查报告的附件中说明。

事故发生单位应当对本单位负有事故责任的人员进

行处理，认真分析事故成因，总结经验教训，制定防范和整改方案，及时全面落实防范和整改措施，将整改落实情况向全体从业人员公开，并向当地负有安全生产监督管理职责的部门报告。负有安全生产监督管理职责的部门应当加强监督检查。

第六十条 县级以上人民政府应当加强生产安全事故调查分析技术支撑体系建设，建立生产安全事故暴露问题整改督办制度，对安全生产制度和措施存在的漏洞、缺陷及时予以修改完善，并督促相关行业、领域生产经营单位加强防范和整改。

负责事故调查处理的县级以上人民政府应当在批复事故调查报告后一年内，组织有关部门对事故整改和防范措施落实情况进行评估，并及时向社会公开评估结果；对不履行职责导致事故整改和防范措施没有落实的有关单位和人员，应当按照有关规定追究责任。

第五章 法律责任

第六十一条 生产经营单位违反本条例第二十二条第四款、第二十四条第一款规定，有下列情形之一的，责令限期改正，可以处五万元以下的罚款；逾期未改正的，责令停产停业整顿，并处五万元以上十万元以下的罚款，对其直接负责的主管人员和其他直接责任人员处一万元以上二万元以下的罚款：

（一）对离岗六个月以上的从业人员未进行专门安全生产教育和培训的；

（二）未将灵活用工人员纳入本单位的从业人员进行统一管理，对其进行岗位安全操作规程和安全操作技能的教育和培训的。

第六十二条　生产经营单位、安全培训机构违反本条例第二十三条第二款、第三款规定，违法对特种作业人员开展安全作业培训的，责令限期改正，并处五万元以上十万元以下的罚款，对其直接负责的主管人员和其他责任人员处一万元以上二万元以下的罚款；逾期未改正的，责令停产停业整顿。

第六十三条　生产经营单位违反第三十条第二款规定，未按照规定明确本单位每一处重大危险源的主要负责人、技术负责人和操作负责人的，责令限期改正，可以处三万元以下的罚款；逾期未改正的，责令停产停业整顿，并处三万元以上五万元以下的罚款，对其直接负责的主管人员和其他直接责任人员处一万元以上二万元以下的罚款。

生产经营单位违反本条例第三十一条第三款规定，未按照规定报告重大安全风险基本情况或者管控情况的，责令限期改正，予以警告；逾期未改正的，责令停产停业整顿，并处三万元以下的罚款，对其直接负责的主管人员和其他直接责任人员处一万元以下的罚款。

第六十四条 危险化学品生产企业以及构成危险化学品重大危险源的经营、储存、使用危险化学品的生产经营单位，违反本条例第三十七条第一款、第二款规定，有下列情形之一的，责令限期改正，可以处三万元以下的罚款；逾期未改正的，责令停产停业整顿，并处三万元以上五万元以下的罚款，对其直接负责的主管人员和其他直接责任人员处一万元以上二万元以下的罚款：

（一）未制定或者未落实领导带班制度的；

（二）动工、停工或者复工，未经主要负责人审批的；

（三）进行有限空间作业、火灾爆炸危险区域或者管廊上的动火作业，未经安全生产管理机构负责人、安全生产分管负责人或者主要负责人审批的。

第六十五条 本条例规定的行政处罚，由应急管理部门和其他负有安全生产监督管理职责的部门按照职责分工决定。

第六十六条 负有安全生产监督管理职责的部门的工作人员，有下列行为之一的，给予降级或者撤职的处分；构成犯罪的，依法追究刑事责任：

（一）对不符合法定安全生产条件的涉及安全生产的事项予以批准或者验收通过的；

（二）发现未依法取得批准、验收的单位擅自从事有关活动或者接到举报后不予取缔或者不依法予以处理的；

（三）对已经依法取得批准的单位不履行监督管理职责，发现其不再具备安全生产条件而不撤销原批准或者发现安全生产违法行为不予查处的；

（四）在监督检查中发现重大事故隐患，不依法及时处理的。

负有安全生产监督管理职责的部门的工作人员有前款规定以外的滥用职权、玩忽职守、徇私舞弊行为的，依法给予处分；构成犯罪的，依法追究刑事责任。

第六章　附　　则

第六十七条　本条例规定的生产经营单位的主要负责人，是指在生产经营单位中承担全面领导责任的法定代表人、实际控制人等主要决策人。

本条例所称燃气，是指《城镇燃气管理条例》定义的燃气。

第六十八条　本条例自 2023 年 10 月 1 日起施行。